AF294990

Ursula Adler
&
Andrea Ade

Ping Pong
im Spiel

Herstellung und Verlag: BoD – Books on Demand, Norderstedt

Da sagte doch Herr Ringelnatz:

Humor ist der Knopf, der verhindert,
dass uns der Kragen platzt!

ein
schöner Knopf
in jedem Satz
Humor findet immer seinen
Platz

Quer im Weg

du schöpfst Kraft
behältst sie nie für dich
auch so viele Schuhe
passen dir nicht mehr
leicht zu gehen
fällt oft so schwer
und trotzdem
will Leben leben
es fragt nicht mehr

Andrea

Kraft in den eigenen Topf füllen
Schuhe wegschmeißen
Und dann
Rennen hüpfen fliegen

Ursula

Deinen Mund

den will ich nicht
will nicht den Kuss
der mit mir spricht
ich finde das so ekelig
natürlich sage ich das nicht

Andrea

Unaussprechlich

So manches
So vieles
Warum eigentlich
Verletzt vielleicht statt zu klären
Nimm deinen ganzen Mut zusammen
Und dann

Ursula

Nur Mut

Sagst du den Dingen
wie sie stehen
wollen dich manche
nicht mehr sehen
der Stand im Punkt
schwer zu vertreten
wenn Wahrheit funkt
mal schwarz zu sehen

Andrea

Versuche

Wenn der Tag in die Tür fällt....
Er hat nicht geklingelt
Er kommt einfach rein
Macht Licht an
Und schaltet Gezwitschertes ein

Ursula

Strecken

Wege
und Pfade
die plötzlich entstehen
oder jetzt erst gesehen
MITGEHEN

Andrea

13

Ein neuer Weg
Wo führt er hin
Wenn ich nur nicht alleine bin
Wer geht mit mir
Ich warte hier

Ursula

Un bis möglich

das Un
bekommt normal nicht hin
das Un
köme dir nie in den Sinn
das Un
fällt immer auf
das Un
da reagiert man drauf
das Un
setzt Mittelpunkte
das Un
darüber wird man reden
das Un
schleimt nicht durch Leben
das Un
ist auch kein Segen
das Un
hält immer eine Hand
das Un
es bleibt ein ganzes Leben lang

Vom "Ob"

Ob es morgen Regen gibt
Ob Johannes mich noch liebt
Ob wir was zu essen kriegen
Löffel neben Tellern liegen
Ob Hortensien weiterblühen
Milch noch fließt von Deutschlands
Kühen
Ob – so vielerorts der Brauch
Ob und ob.....fragst du so auch

Ursula

Wenn

der Platz auf einmal hinten sitzt
und still die beste Sprache ist
wenn
der Moment dich nicht mehr kennt
die Vergangenheit sich grad erhängt
und wenn die Schatten in der Nacht
dir zeigen was du falsch gemacht
wenn
das Wörtchen wenn nicht wär
grübelten wir auch weniger

Andrea

17

Vom "Un"
übers "Wenn"
zum "Ob"

Ob und ob wer macht ein Ende
Allen Fragen im Revier
Ich nicht – du nicht
Und auch ihr nicht
Nein – das Ende machen wir

Ursula

0815

deine heile Welt
in der du weißt wo alles steht
und wann der Wecker geht
so blind im Vertrauen
ohne umzuschauen
eingefangen in die Herde
beackerst du jetzt Heimaterde

Andrea

Und dann sagt die Heimaterde
Komm nur wieder
Komm und werde

Ursula

Guten Morgen

spricht der Wahnsinn
kalt die Schulter zeigt
Fels-Formationen
überragen weit
Emotionen beißen
verzweifelt auf Granit
KAFFEEZEIT

Andrea

Stolz spricht der Wahn
Ich gewann einen Zahn
Fragt verwundert Granit
Was will er damit
Ragt weit in die Höh
Ihm tut nichts weh
Gefühl fällt ins Tal
Es war einmal

Ursula

hinterGrund

Wenn sie spricht
macht jeder dicht
übt den Verzicht +
will nichts wissen
sehen hören lesen
fleißig wie die Biene
macht sie tagein tagaus
was jeder braucht
doch niemand hat
vor ihr Respekt
fühlt so auch ein Insekt?

Andrea

So ein Insekt
Hält sich bedeckt
Es krabbelt fliegt und summt
Beißt sticht und sirrt und brummt
Hält seine Gedanken
In ganz engen Schranken
Denn irgendwann
machts "bumm"
Und seine Zeit ist um

Zweite Strophe!!!!

Wir leben länger
Sind Redner und Sänger
Versuchen mit Liedern und Wörtern
Probleme zu erörtern
Zum Satz von Leidenschaft durchdrungen
Hab'n wir uns schließlich durchgerungen:
Wer mich nicht versteht
S'ist besser der geht
Ursula

Hallo Tag

die Morgenröte steht dir gut
der Himmel schickt die Wolken los
vielleicht lässt du es heute regnen
für alle wäre das ein Segen

und ich müsste auch nicht raus
blieb schön Zuhaus'

Andrea

25

Guck von drinnen auf den Regen
Denn sich regen das bringt Segen

Ursula

sortiert

Jeder braucht einen Freund
hat zwar selten aufgeräumt
doch Freunden ist das egal
gut dass es sie gibt
gemeinsam wohnen
in der Fantasie
macht alles so real
räumt auf wie nie
auch eine schöne Welt
in der man leben kann

Andrea

Warme Welt
Wenn sie kommt
Die Freundin

Wir wickeln es ein
Das Leben
In lächelnde
weiche Tücher
Kratzer heilen
Ein bisschen

Vorrat gesammelt
Raus in den Wind

Ursula

Im Rondell

Nur noch ein paar Runden
möchte ich so weiterschweigen
die Stille beruhigt meine Seele
nur noch ein paar Runden
durch die glasklaren Gedanken
so edel gedacht + von Wertung so frei
nur noch ein paar Runden
möchte ich so weiterschweigen

Andrea

Schreibwerkstatt 25/06/18

Noch einmal ganz viel Blau am Himmel
Und Frieden überall
Ich steige in meine bunte Seifenblasenkugel
In das unendliche Blau am Himmel
Wind weht mich hoch hinauf
Ich muss nicht wiederkommen
Noch einmal ganz viel Blau am Himmel
Und Frieden überall

Ursula

an

Der
Morgen sucht
an seinen Sachen
will heut was machen
Ideen-los

Andrea

Plötzlich nach neun Sucherrunden
Hat er einen Strumpf gefunden
Zieht ihn an und schreit „Juchhe"
„Endlich hab ich ne Idee"

Ursula

Im Bestand

Die Freiheit
fliegt vor deiner Tür
noch niemals
klingelt sie bei dir
nachdenklich schenkst
du dir einen Kaffee ein
und fragst dich
wie es wohl wäre
so ganz allein

Andrea

Du

schenkst dir noch nen Kaffee ein
Denkst:
Freiheit muß auch gehn zu zwein
Und sind 's mal 6, 5 oder 4
Dann Freiheit komm
Ich nehm dich mir

Ursula

Im Kreis

Montagmorgen am runden Tisch
Gedanken tanzen an bunten Bändern
drehen Wahrheit nach außen
Montagmorgen am runden Tisch
wird gern erzählt
worüber niemand spricht
Montagmorgen am runden Tisch
Gedanken tanzen an bunten Bändern

Andrea

Schreibwerkstatt 25/06/18

Bunte Bänder
Bitte bleibt
Hört nicht auf zu tanzen
Bunte Bänder
Fangt Gedanken ein
Entlaßt sie dann in die Freiheit
Bunte Bänder
Bitte bleibt

Ursula

Momente

Du lachst quer
durch dein Gesicht
hörst jeden Gedanken
bevor er spricht
Freundschaft ist
und Freundschaft bleibt
hat es zu dir sowieso nicht weit

Andrea

Auch wenn du leer gelacht bist
Wenn Tränen sich trauen
Finden Freundschaftsgedanken
Einen Weg

Ursula

Kein Urlaub

Das Paket gepackt
die Bonbons im Sack
auch Steine sind gestreut
und der Weg er läuft
holprig bis entspannt
blühen auch Blumen
in deinem Lebensland

vanga

Paket ausgepackt
Bonbons gegessen
Aus Steinen ein Haus gebaut
Den Weg gegangen
Blumen gepflückt
Dich getroffen

Ursula

Wege

Wenn gelegte Steine samtig schimmern
und Probleme in den Ecken wimmern
die Hoffnungslosigkeit den Tag erdrückt
und du fürchtest du wirst gleich verrückt
dann kauf doch mal das Stopp im Schild
im besten Fall macht es dich sofort wild
und nichts und niemand kann dich stoppen
gelungenes Shopping mit *Ende offen*
weil DU es willst und dir so sehr vertraust
genau das ist es was du brauchst

Andrea

Shopping statt Stopping
oder
Shop den Stopp
oder ganz einfach
Kauf dir was Schönes

Ursula

42

Endt-bindung

Heut bekommst du Stiefel an
fliegst endlich los in diese Welt
ich wünsche dir und mir
dass du auch anderen gefällst

Andrea

Und für die Hügel
Bekommst du Flügel

Ursula

Witzlos

Jede Stunde
jede Sekunde
denk ich an dich
mehr schaffst
selbst du nicht

Andrea

Wetten !!??

Ursula

Wir warten
Wo weht Wind
Wir warten
Wann weht Wind
Wir warten
Wind weht
Wie wohltuend

Ursula

W

wie Wiederholung
wunderbar
wunderschön

weitermachen ...

Andrea

FSC
www.fsc.org
MIX
Papier aus ver-
antwortungsvollen
Quellen
Paper from
responsible sources
FSC® C105338